AF289039

Impressum
Verlag: BABADADA GmbH, Nedderfeld 112 , 22529 Hamburg
Geschäftsführer / Verlagsleitung: Harald Hof
Druck: Books on Demand GmbH, In de Tarpen 42, 22848 Norderstedt

Imprint
Publisher: BABADADA GmbH, Nedderfeld 112 , 22529 Hamburg, Germany
Managing Director / Publishing direction: Harald Hof
Print: Books on Demand GmbH, In de Tarpen 42, 22848 Norderstedt

5ch00l

l'école

cl455r00m
la salle de classe

d1v1d3
diviser

186/2

5ch00l y4rd
la cour (de récréation)

b04rd
le tableau noir

734ch3r
le professeur

p4p3r
le papier

wr173
écrire

p3n
le stylo

d35k
le bureau

rul3r
la règle

b00k
le livre

pup1l
l'élève

547ch3l

le cartable

p3nc1l c453

la trousse

p3nc1l

le crayon

p3nc1l 5h4rp3n3r

le taille-crayon

rubb3r

la gomme

dr4w1n6 p4d

le carnet à dessin

dr4w1n6

le dessin

p41n7bru5h

le pinceau

p41n7 b0x

la boîte de peinture

5c1550r5

les ciseaux

6lu3

la colle

3x3rc153 b00k

le cahier d'exercices

h0m3w0rk

les devoirs

numb3r

le chiffre

4dd

additionner

5ub7r4c7

soustraire

mul71ply

multiplier

c4lcul473

calculer

l3773r

la lettre

4lph4b37

l'alphabet

w0rd

le mot

73x7

le texte

r34d

lire

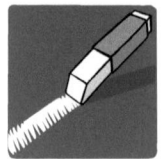

ch4lk

la craie

l3550n

la leçon

r361573r

le livre de classe

3x4m1n4710n

l'examen

c3r71f1c473

le certificat

5ch00l un1f0rm

l'uniforme scolaire

3duc4710n

la formation

3ncycl0p3d14

le lexique

un1v3r517y

l'université

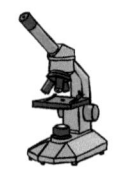

m1cr05c0p3

le microscope

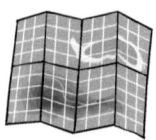

m4p

la carte

w4573-p4p3r b45k37

la corbeille à papier

7r4v3l
le voyage

h073l
l'hôtel
Grand
h0573l
l'auberge
ROOMS
CHANGE
curr3ncy 3xch4n63 0ff1c3
le bureau de change
5u17c453
la valise
c4r
la voiture

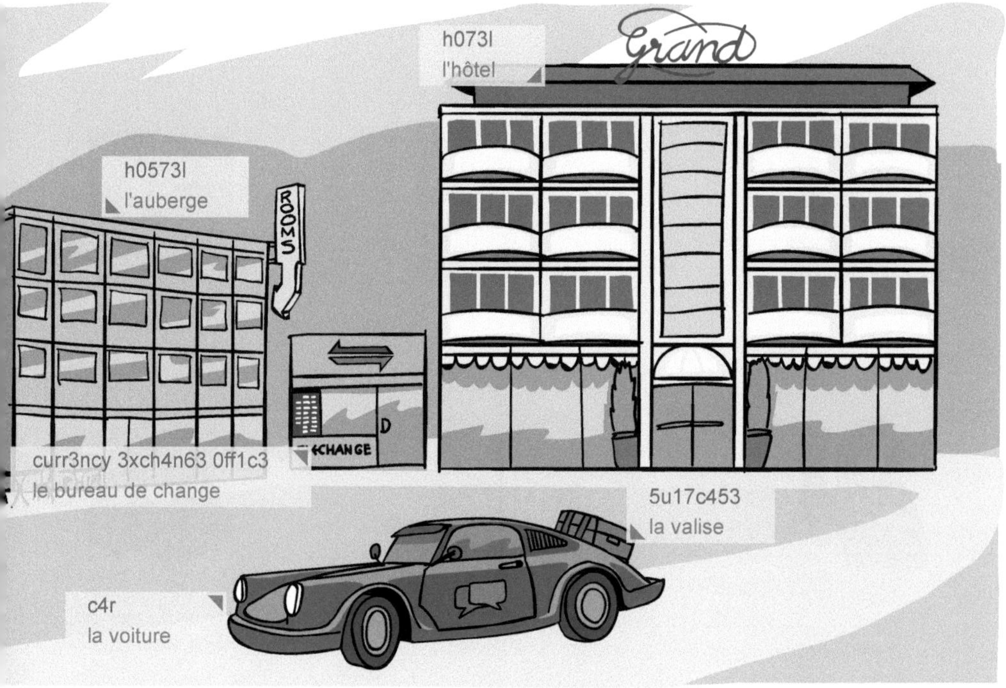

l4n6u463
la langue

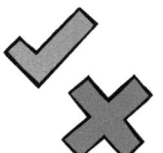

y35 / n0
oui / non

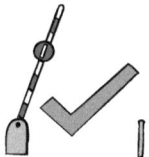

0k4y
d'accord

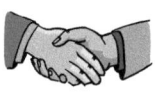

h3ll0
Salut

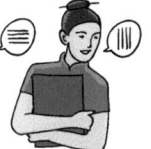

7r4n5l470r
l'interprète

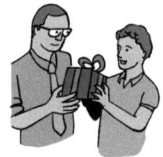

7h4nk y0u
merci

h0w much 15

Combien coûte...?

1 d0 n07 und3r574nd

Je ne comprends pas

pr0bl3m

le problème

600d 3v3n1n6!

Bonsoir !

600d m0rn1n6!

Bonjour !

600d n16h7!

Bonne nuit !

600dby3

Au revoir

d1r3c710n

la direction

lu66463

les bagages

b46

le sac

b4ckp4ck

le sac-à-dos

6u357

l'hôte

r00m

la pièce

5l33p1n6 b46

le sac de couchage

73n7

la tente

70ur157 1nf0rm4710n

l'office de tourisme

b34ch

la plage

cr3d17 c4rd

la carte de crédit

br34kf457

le petit-déjeuner

lunch

le déjeuner

d1nn3r

le dîner

71ck37

le billet

3l3v470r

l'ascenseur

574mp

le timbre

b0rd3r

la frontière

cu570m5

la douane

3mb455y

l'ambassade

v154

le visa

p455p0r7

le passeport

7r4n5p0r7

le transport

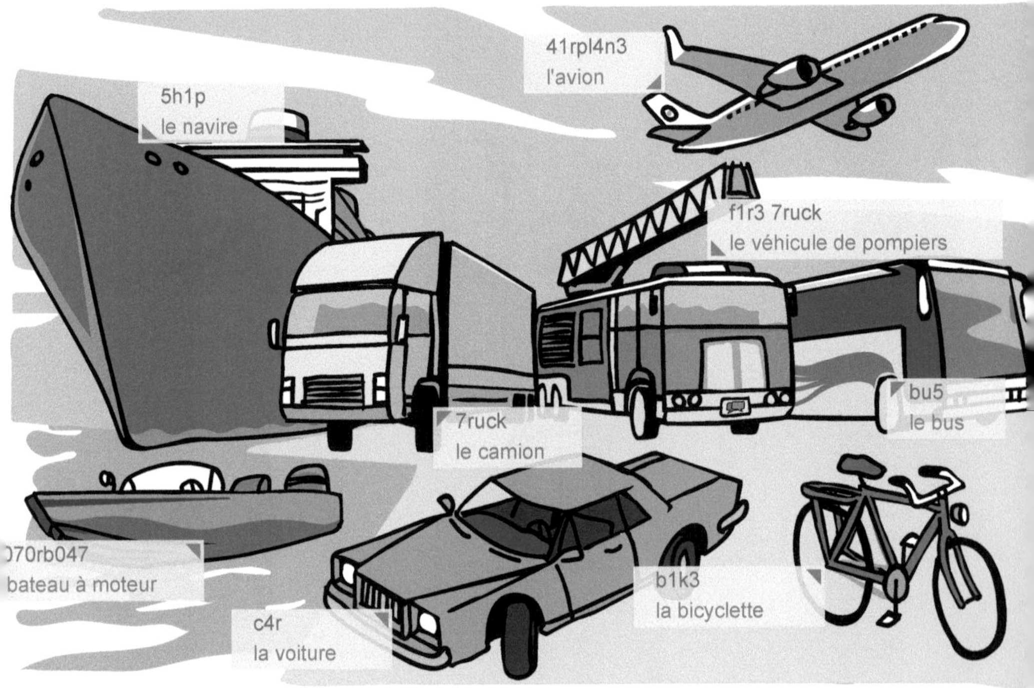

41rpl4n3
l'avion
5h1p
le navire
f1r3 7ruck
le véhicule de pompiers
7ruck
le camion
bu5
le bus
70rb047
bateau à moteur
b1k3
la bicyclette
c4r
la voiture

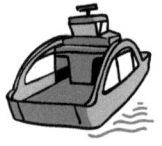

f3rry

le ferry

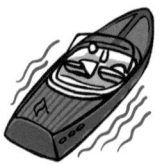

b047

la barque

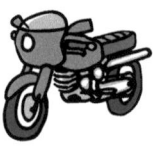

m070rb1k3

la moto

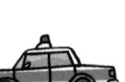

p0l1c3 c4r

la voiture de police

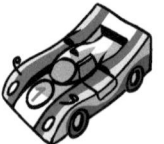

r4c1n6 c4r

la voiture de course

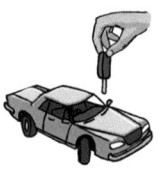

r3n74l c4r

la voiture de location

c4r 5h4r1n6

l'auto-partage

70w 7ruck

la voiture de remorquage

64rb463 7ruck

la benne à ordures

3n61n3

le moteur

fu3l

l'essence

fu3l 574710n

la station d'essence

7r4ff1c 516n

le panneau indicateur

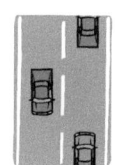

7r4ff1c

le trafic

7r4ff1c j4m

l'embouteillage

p4rk1n6 l07

le parking

7r41n 574710n

la gare

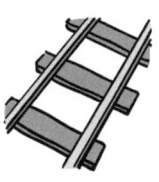

7r4ck5

les rails

7r41n

le train

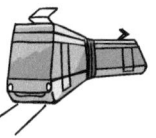

7r4m

le tramway

w460n

le wagon

h3l1c0p73r

l'hélicoptère

41rp0r7

l'aéroport

70w3r

la tour

p4553n63r

le passager

c0n741n3r

le conteneur

c4r70n

le carton

c4r7

le chariot

b45k37

la corbeille

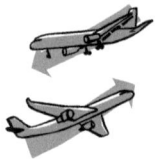

74k3 0ff / l4nd

décoller / atterrir

c17y

la ville

v1ll463

le village

c17y c3n73r

le centre-ville

h0u53

la maison

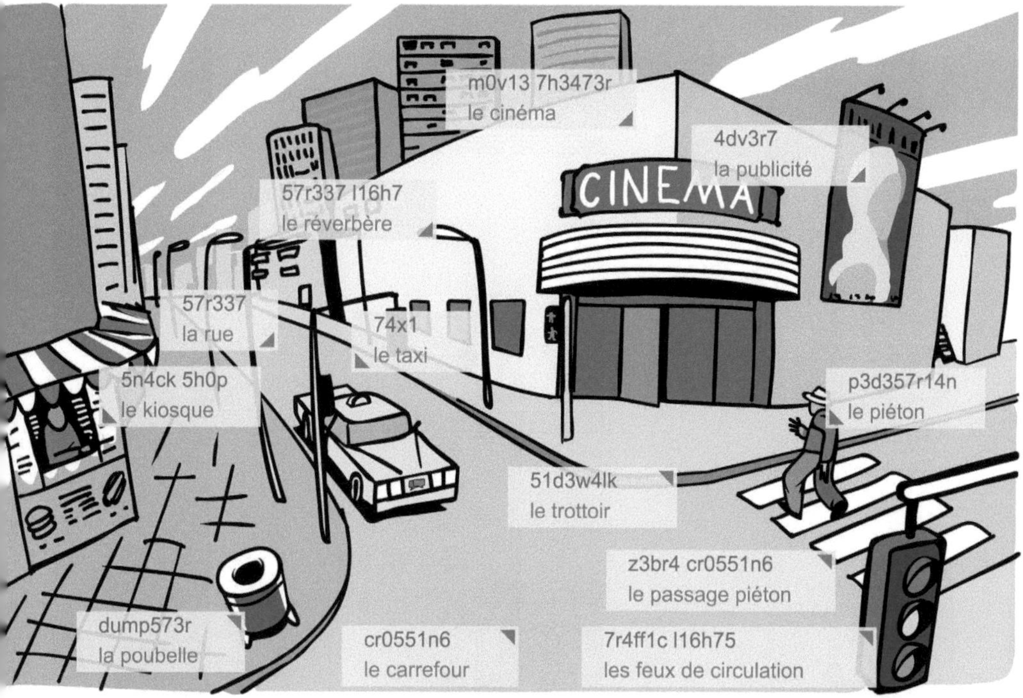

m0v13 7h3473r
le cinéma

4dv3r7
la publicité

57r337 l16h7
le réverbère

57r337
la rue

74x1
le taxi

5n4ck 5h0p
le kiosque

p3d357r14n
le piéton

51d3w4lk
le trottoir

z3br4 cr0551n6
le passage piéton

dump573r
la poubelle

cr0551n6
le carrefour

7r4ff1c l16h75
les feux de circulation

hu7

la cabane

4p4r7m3n7

l'appartement

7r41n 574710n

la gare

c17y h4ll

la mairie

mu53um

le musée

5ch00l

l'école

c17y - la ville   11

un1v3r517y

l'université

b4nk

la banque

h05p174l

l'hôpital

h073l

l'hôtel

ph4rm4cy

la pharmacie

0ff1c3

le bureau

b00k 5h0p

la librairie

5h0p

le magasin

fl0w3r 5h0p

le fleuriste

5up3rm4rk37

le supermarché

m4rk37

le marché

d3p4r7m3n7 570r3

le grand magasin

f15hm0n63r'5 5h0p

la poissonnerie

m4ll

le centre commercial

h4rb0r

le port

p4rk

le parc

b3nch

la banque

br1d63

le pont

5741r5

les escaliers

5ubw4y

le métro

7unn3l

le tunnel

bu5 570p

l'arrêt de bus

b4r

le bar

r3574ur4n7

le restaurant

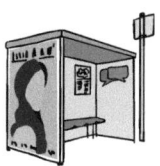

p057b0x

la boîte à lettres

57r337 516n

le panneau indicateur

p4rk1n6 m373r

le parcmètre

z00

le zoo

5w1mm1n6 p00l

le réverbère

m05qu3

la mosquée

f4rm

la ferme

p0llu710n

la pollution

c3m373ry

la cimetière

church

l'église

pl4y6r0und

l'aire de jeux

73mpl3

le temple

l4nd5c4p3

le paysage

l34f
la feuille

516np057
le panneau indicateur

p47h
le chemin

m34d0w
le pré

570n3
la pierre

7r33
l'arbre

h1k3r
le randonneur

r1v3r
la rivière

6r455
l'herbe

fl0w3r
la fleur

v4ll3y

la vallée

h1ll

la montagne

l4k3

le lac

f0r357

la forêt

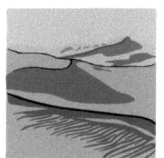

d353r7

le désert

v0lc4n0

le volcan

c457l3

le château

r41nb0w

l'arc-en-ciel

mu5hr00m

le champignon

p4lm 7r33

le palmier

m05qu170

le moustique

fly

la mouche

4n7

les fourmis

b33

l'abeille

5p1d3r

l'araignée

b337l3

le coléoptère

fr06

la grenouille

5qu1rr3l

l'écureuil

h3d63h06

le hérisson

h4r3

le lièvre

0wl

la chouette

b1rd

l'oiseau

5w4n

le cygne

b04r

le sanglier

d33r

le cerf

m0053

l'élan

d4m

le barrage

w1nd 7urb1n3

l'éolienne

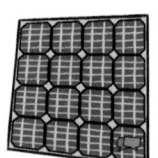

50l4r p4n3l

le panneau solaire

cl1m473

le climat

r3574ur4n7

le restaurant

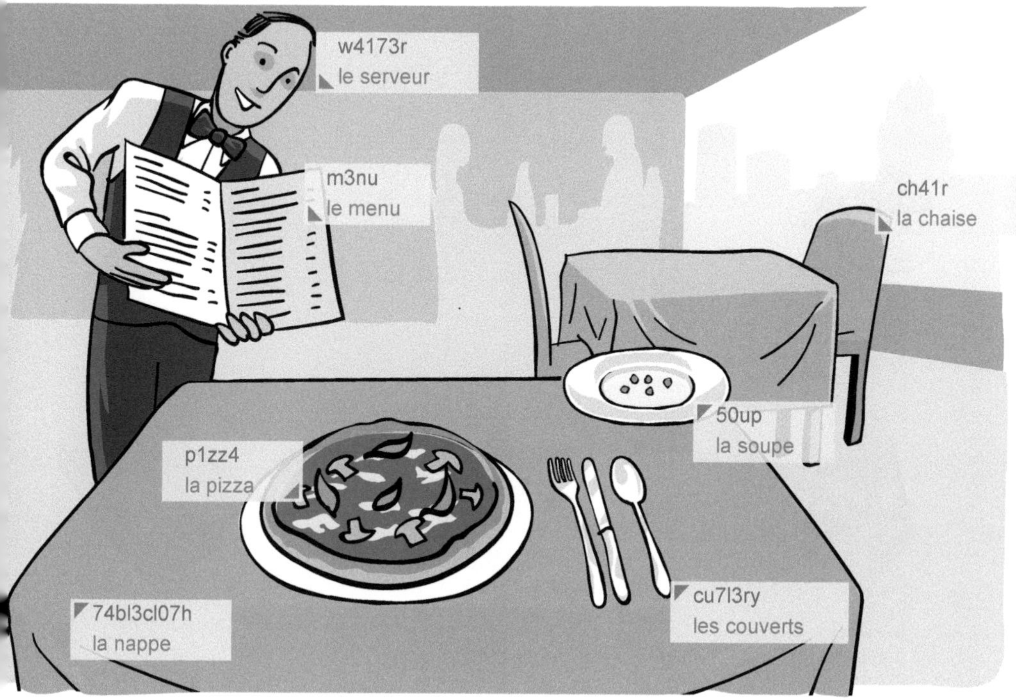
w4173r
le serveur
m3nu
le menu
ch41r
la chaise
50up
la soupe
p1zz4
la pizza
cu7l3ry
les couverts
74bl3cl07h
la nappe

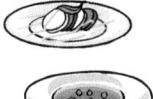

574r73r

les hors d'œuvre

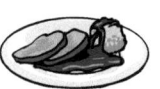

m41n c0ur53

le plat principal

d3553r7

le dessert

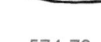

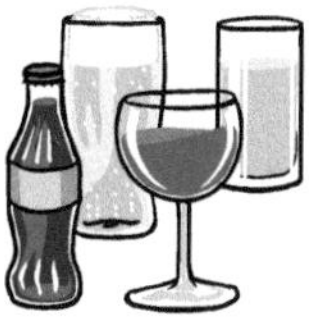

dr1nk5

les boissons

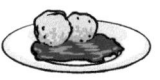

f00d

l'alimentation

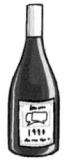

b077l3

la bouteille

f457 f00d

le fast-food

57r337 f00d

les plats à emporter

734p07

la théière

5u64r b0wl

le sucrier

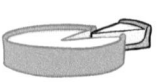

p0r710n

la portion

35pr3550 m4ch1n3

la machine à expresso

h16h ch41r

la chaise haute

b1ll

la facture

7r4y

le plateau

kn1f3

le couteau

f0rk

la fourchette

5p00n

la cuillère

7345p00n

la cuillère à thé

53rv13773

la serviette

6l455

le verre

pl473

l'assiette

50up pl473

l'assiette à soupe

54uc3r

la soucoupe

54uc3

la sauce

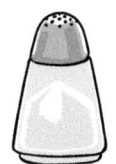

54l7 5h4k3r

la salière

p3pp3r m1ll

le moulin à poivre

v1n364r

le vinaigre

01l

l'huile

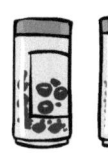

5p1c35

les épices

k37chup

le ketchup

mu574rd

la moutarde

m4y0nn4153

la mayonnaise

5up3rm4rk37
le supermarché

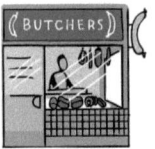

5p3c14l 0ff3r
l'offre promotionnelle
FOR
cu570m3r
le client
d41ry pr0duc75
les produits laitiers
fru17
les fruits
5h0pp1n6 c4r7
le chariot

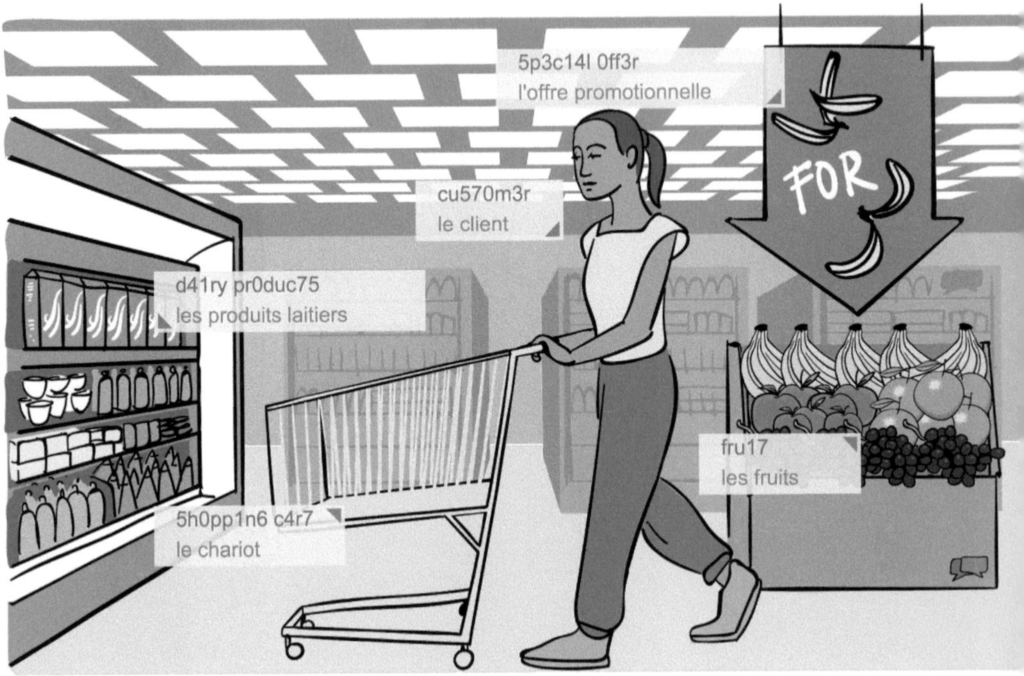

bu7ch3r'5 5h0p
la boucherie

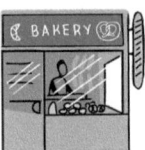

b4k3ry
la boulangerie

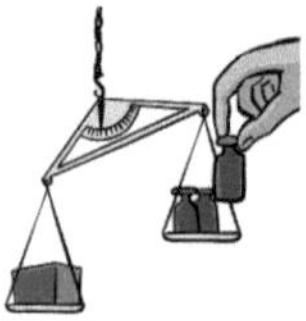

w316h
peser

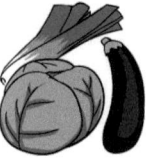

v36374bl35
les légumes

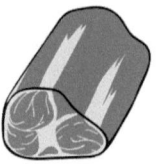

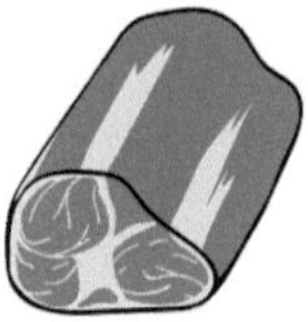

m347
la viande

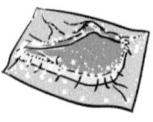

fr0z3n f00d
les aliments surgelés

c0ld cu75

la charcuterie

c4nn3d f00d

les conserves

d373r63n7

la poudre à lessive

c4ndy

les bonbons

h0u53h0ld pr0duc75

les articles ménagers

cl34n1n6 pr0duc75

les détergents

54l35 r3pr353n7471v3

la vendeuse

c45h r361573r

la caisse

c45h13r

le caissier

5h0pp1n6 l157

la liste d'achats

0p3n1n6 h0ur5

les heures d'ouverture

w4ll37

le portefeuille

cr3d17 c4rd

la carte de crédit

b46

le sac

pl4571c b46

le sac en plastique

dr1nk5

les boissons

w473r

l'eau

ju1c3

le jus de fruit

m1lk

le lait

c0k3

le coca

w1n3

le vin

b33r

la bière

4lc0h0l

l'alcool

c0c04

le chocolat chaud

734

le thé

c0ff33

le café

35pr3550

l'expresso

c4ppucc1n0

le cappuccino

b4n4n4

la banane

4ppl3

la pomme

0r4n63

l'orange

m3l0n

le melon

l3m0n

le citron.

c4rr07

la carotte

64rl1c

l'ail

b4mb00

le bambou

0n10n

l'oignon

mu5hr00m

le champignon

nu75

les noisettes

n00dl35

les pâtes

5p46h3771

les spaghetti

r1c3

le riz

54l4d

la salade

fr135

les pommes frites

fr13d p0747035

les pommes de terre rôties

p1zz4

la pizza

h4mbur63r

le hamburger

54ndw1ch

le sandwich

35c4l0p3

l'escalope

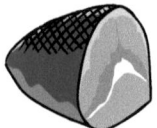

h4m

le jambon

54l4m1

le salami

54u5463

la saucisse

ch1ck3n

le poulet

r0457

le rôti

f15h

le poisson

p0rr1d63 0475

les flocons d'avoine

mu35l1

le muesli

c0rnfl4k35

les cornflakes

fl0ur

la farine

cr01554n7

le croissant

br34d r0ll

les petits-pains

br34d

le pain

70457

le pain grillé

c00k135

les biscuits

bu773r

le beurre

curd

le fromage blanc

c4k3

le gâteau

366

l'œuf

fr13d 366

l'œuf au plat

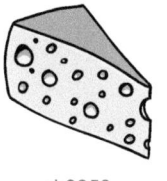

ch3353

le fromage

1c3 cr34m

la glace

5u64r

le sucre

hOn3y

le miel

j3lly

la confiture

n0u647 cr34m

la crème nougat

curry

le curry

f4rm
la ferme

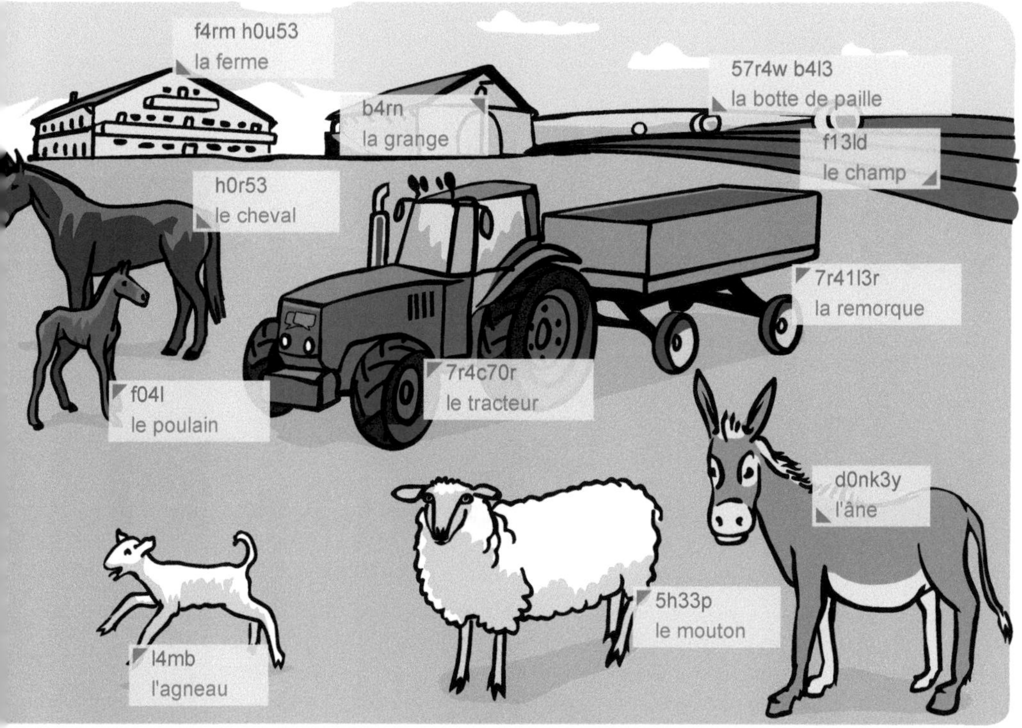
f4rm h0u53
la ferme
b4rn
la grange
57r4w b4l3
la botte de paille
f13ld
le champ
h0r53
le cheval
7r41l3r
la remorque
7r4c70r
le tracteur
f04l
le poulain
d0nk3y
l'âne
5h33p
le mouton
l4mb
l'agneau

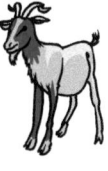

6047
la chèvre

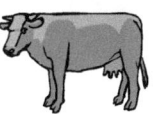

c0w
la vache

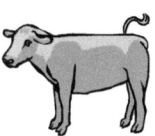

c4lf
le veau

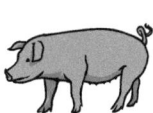

p16
le porc

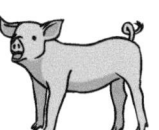

p16l37
le porcelet

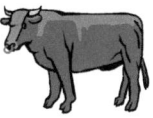

bull
le taureau

60053

l'oie

duck

le canard

ch1ck

le poussin

h3n

la poule

c0ck3r3l

le coq

r47

le rat

c47

le chat

m0u53

la souris

0x

le bœuf

d06

le chien

d06 h0u53

le chenil

64rd3n h053

le tuyau de jardin

w473r1n6 c4n

l'arrosoir

5cy7h3

la faucheuse

pl0u6h

la charrue

51ckl3

la faucille

h03

la pioche

p17chf0rk

la fourche

4x3

la hache

pu5hc4r7

la brouette

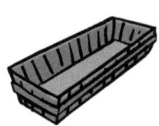

7r0u6h

la cuve

m1lk c4n

le pot à lait

54ck

le sac

f3nc3

la clôture

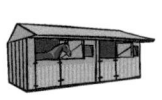

574bl3

l'étable

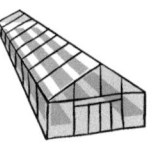

6r33nh0u53

le serre

501l

le sol

533d

les semences

f3r71l1z3r

l'engrais

c0mb1n3 h4rv3573r

la moissonneuse-batteuse

h4rv357

récolter

h4rv357

la récolte

y4m5

l'igname

wh347

le blé

50y4

le soja

p07470

la pomme de terre

c0rn

le maïs

r4p3533d

le colza

fru17 7r33

l'arbre fruitier

m4n10c

le manioc

6r41n

les céréales

h0u53

la maison

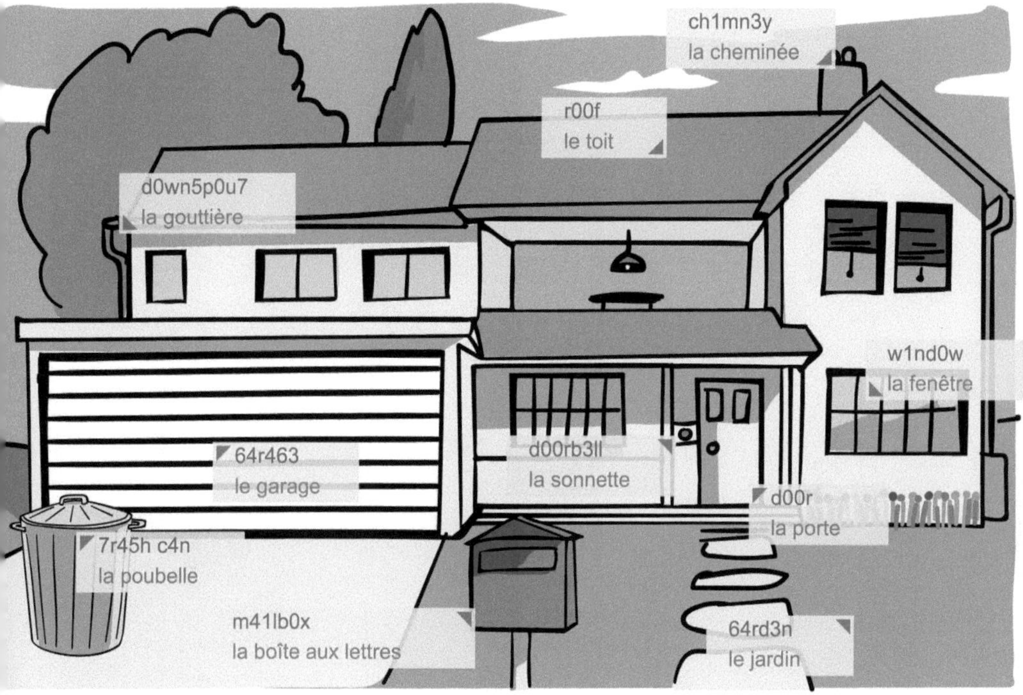
ch1mn3y
la cheminée
r00f
le toit
d0wn5p0u7
la gouttière
w1nd0w
la fenêtre
64r463
le garage
d00rb3ll
la sonnette
d00r
la porte
7r45h c4n
la poubelle
m41lb0x
la boîte aux lettres
64rd3n
le jardin

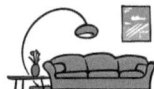

l1v1n6 r00m

le salon

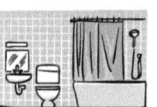

b47hr00m

la salle de bain

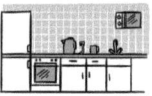

k17ch3n

la cuisine

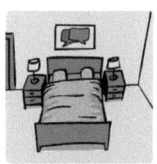

b3dr00m

la chambre à coucher

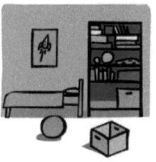

ch1ld'5 r00m

la chambre d'enfant

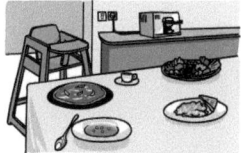

d1n1n6 r00m

la salle à manger

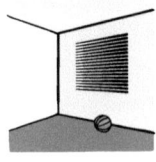

fl00r

le sol

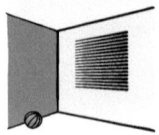

w4ll

le mur

c31l1n6

le plafond

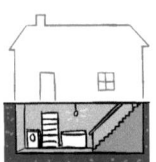

c3ll4r

la cave

54un4

le sauna

b4lc0ny

le balcon

73rr4c3

la terrasse

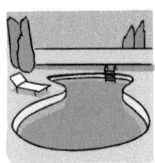

p00l

la piscine

l4wn m0w3r

la tondeuse à gazon

5h337

la housse

b3d5pr34d

la couette

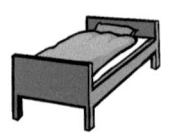

b3d

le lit

br00m

le balai

buck37

le sceau

5w17ch

l'interrupteur

l1v1n6 r00m

le salon

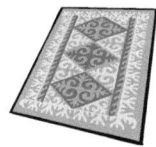

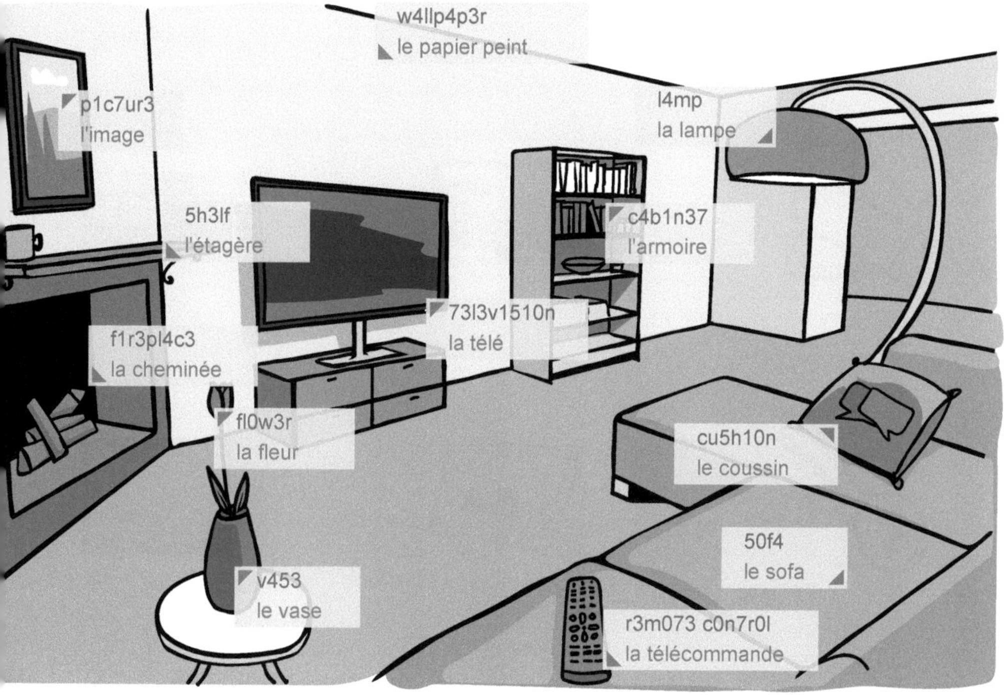
w4llp4p3r
le papier peint
p1c7ur3
l'image
l4mp
la lampe
5h3lf
l'étagère
c4b1n37
l'armoire
73l3v1510n
la télé
f1r3pl4c3
la cheminée
fl0w3r
la fleur
cu5h10n
le coussin
50f4
le sofa
v453
le vase
r3m073 c0n7r0l
la télécommande

c4rp37

le tapis

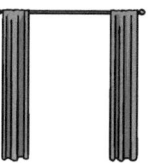

dr4p3

le rideau

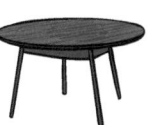

74bl3

la table

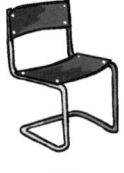

ch41r

la chaise

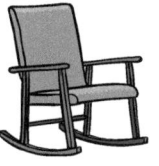

r0ck1n6 ch41r

la chaise à bascule

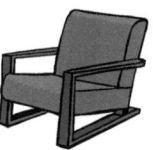

4rmch41r

le fauteuil

b00k

le livre

bl4nk37

la couverture

d3c0r4710n

la décoration

f1r3w00d

le bois de chauffage

f1lm

le film

573r30 5y573m

la chaîne hi-fi

k3y

la clé

n3w5p4p3r

le journal

p41n71n6

la peinture

p0573r

le poster

r4d10

la radio

n073b00k

le bloc-notes

v4cuum cl34n3r

l'aspirateur

c4c7u5

le cactus

c4ndl3

la bougie

k17ch3n
la cuisine

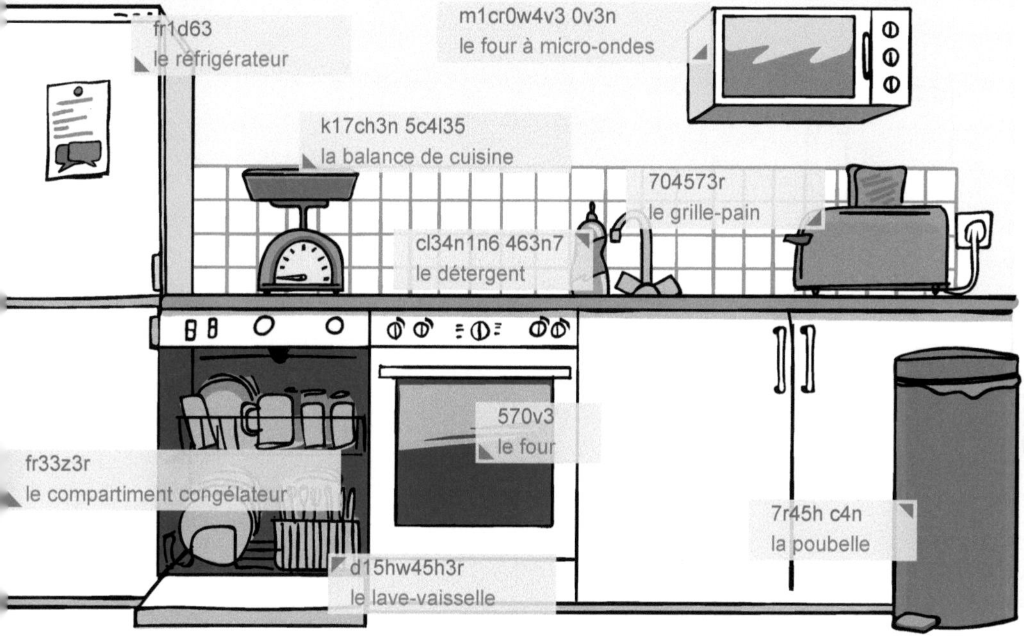

fr1d63
le réfrigérateur
m1cr0w4v3 0v3n
le four à micro-ondes
k17ch3n 5c4l35
la balance de cuisine
704573r
le grille-pain
cl34n1n6 463n7
le détergent
570v3
le four
fr33z3r
le compartiment congélateur
7r45h c4n
la poubelle
d15hw45h3r
le lave-vaisselle

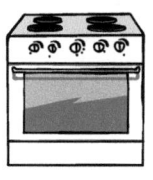

c00k3r

le four

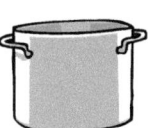

p07

la casserole

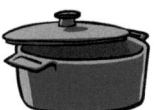

c457-1r0n p07

la marmite

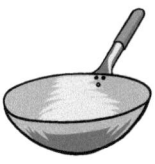

w0k / k4d41

le wok / kadai

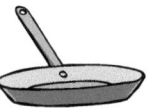

p4n

la poêle

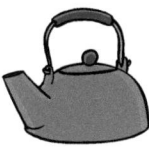

k377l3

la bouilloire electrique

5734m3r

le cuiseur vapeur

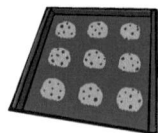

b4k1n6 7r4y

la plaque de cuisson

cr0ck3ry

la vaisselle

mu6

le gobelet

b0wl

la coupe

ch0p571ck5

les baguettes

l4dl3

la louche

5p47ul4

la spatule

wh15k

le fouet

57r41n3r

la passoire

513v3

le tamis

6r473r

la râpe

m0r74r

le mortier

b4rb3cu3

le barbecue

f1r3pl4c3

la cheminée

36 k17ch3n - la cuisine

ch0pp1n6 b04rd

a planche à découper

r0ll1n6 p1n

le rouleau à pâtisserie

c0rk5cr3w

le tire-bouchon

c4n

la boîte

c4n 0p3n3r

l'ouvre-boîte

0v3n cl07h

les maniques

51nk

le lavabo

bru5h

la brosse

5p0n63

l'éponge

bl3nd3r

le mixeur

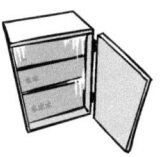

d33p fr33z3r

le congélateur

b4by b077l3

le biberon

74p

le robinet

k17ch3n - la cuisine

37

b47hr00m

la salle de bain

5h0w3r
la douche

h3471n6
le chauffage

70w3l
la serviette

5h0w3r cur741n
le rideau de douche

bubbl3 b47h
le bain moussant

b47h7ub
la baignoire

6l455
le verre

w45h1n6 m4ch1n3
la machine à laver

74p
le robinet

71l35
le carrelage

p077y
le pot

51nk
le lavabo

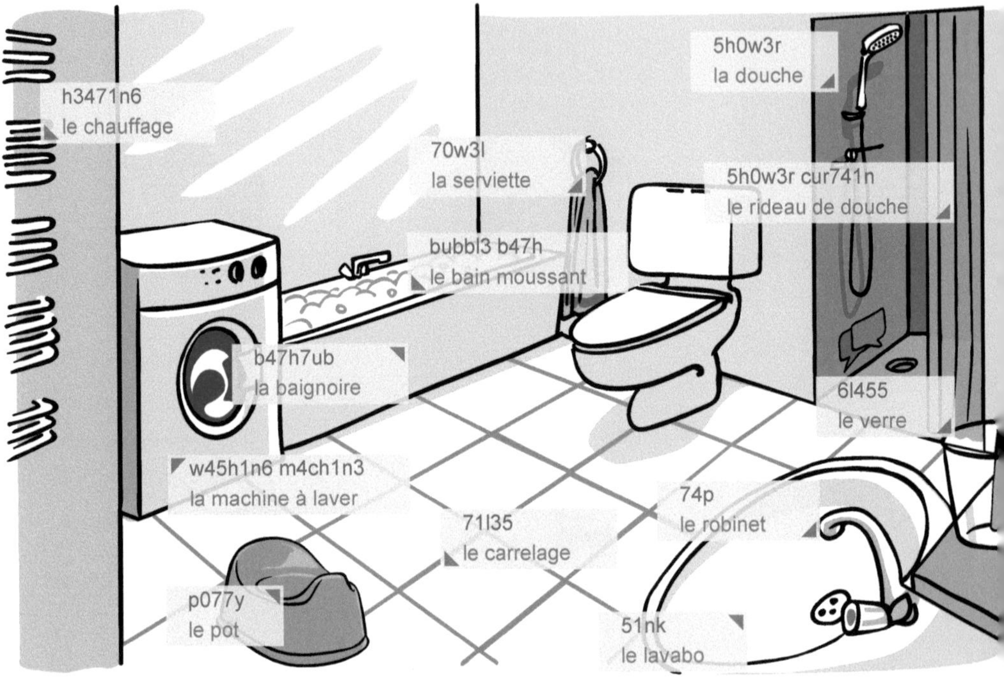

701l37
les toilettes

5qu47 701l37
la toilette à la turque

b1d37
le bidet

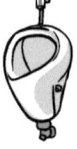

ur1n4l
l'urinoir

701l37 p4p3r
le papier toilette

701l37 bru5h
la brosse à toilette

38

b47hr00m - la salle de bain

7007hbru5h

la brosse à dents

7007hp4573

le dentifrice

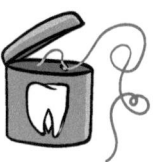

d3n74l fl055

le fil dentaire

w45h

laver

h4nd 5h0w3r

la douche manuelle

d0uch3

la douche intime

b451n

la vasque

b4ck bru5h

la brosse dorsale

504p

le savon

5h0w3r 63l

le gel douche

5h4mp00

le shampooing

fl4nn3l

le gant de toilette

dr41n

l'écoulement

cr3m3

la crème

d30d0r4n7

le déodorant

m1rr0r

le miroir

h4nd m1rr0r

le miroir cosmétique

r4z0r

le rasoir

5h4v1n6 f04m

la mousse à raser

4f73r5h4v3

l'après-rasage

c0mb

la peigne

bru5h

la brosse

h41r-dry3r

le sèche-cheveux

h41r5pr4y

la laque pour cheveux

m4k3up

le fond de teint

l1p571ck

le rouge à lèvres

n41l v4rn15h

le vernis à ongles

c0770n w00l

l'ouate

n41l 5c1550r5

le coupe-ongles

p3rfum3

le parfum

w45hb46

la trousse de toilette

5700l

le tabouret

w316h1n6 5c4l35

le pèse-personne

b47hr0b3

le peignoir

rubb3r 6l0v35

les gants de nettoyage

74mp0n

le tampon

54n174ry 70w3l

serviettes hygiéniques

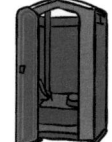

ch3m1c4l 701l37

la toilette chimique

ch1ld'5 r00m

la chambre d'enfant

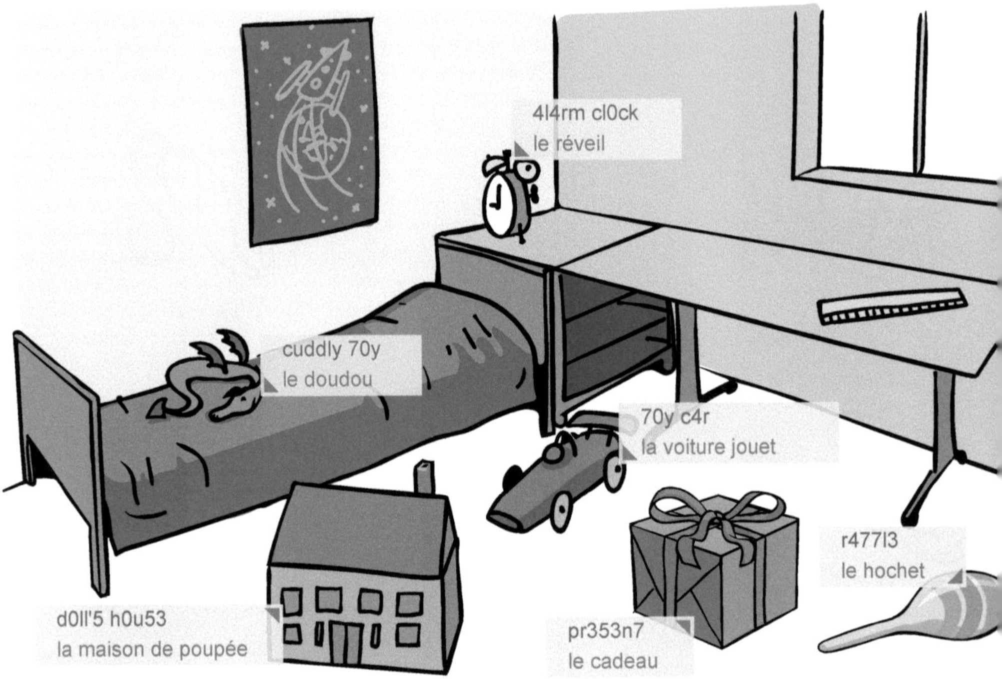

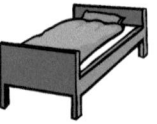

4l4rm cl0ck
le réveil
cuddly 70y
le doudou
70y c4r
la voiture jouet
r477l3
le hochet
d0ll'5 h0u53
la maison de poupée
pr353n7
le cadeau

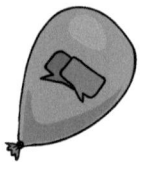

b4ll00n

le ballon

b3d

le lit

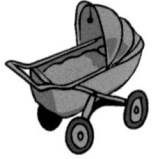

57r0ll3r

la poussette

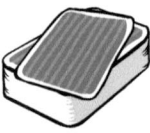

d3ck 0f c4rd5

le jeu de cartes

j1654w

le puzzle

SUPER
MEGA

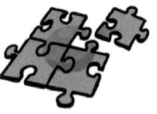

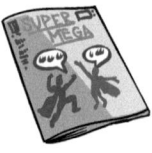

c0m1c

la bande dessinée

l360 br1ck5

les pièces lego

70y bl0ck5

les blocs de construction

4c710n f16ur3

la figurine

r0mp3r 5u17

la grenouillère

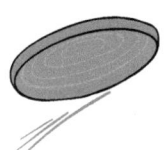

fr15b33

le frisbee

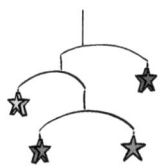

m0b1l3

le mobile

b04rd 64m3

le jeu de société

d1c3

le dé

m0d3l 7r41n 537

le train miniature

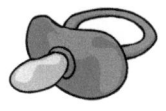

dummy

la sucette

p4r7y

la fête

p1c7ur3 b00k

le livre d'images

b4ll

la balle

d0ll

la poupée

pl4y

jouer

54ndp17

le bac à sable

5w1n6

la balançoire

70y

les jouets

v1d30 64m3 c0n50l3

la console de jeu

7r1cycl3

le tricycle

73ddy b34r

l'ours en peluche

w4rdr0b3

l'armoire

cl07h1n6

les vêtements

50ck5

les chaussettes

570ck1n65

les bas

716h75

le collant

5c4rf
l'écharpe

umbr3ll4
le parapluie

7-5h1r7
le t-shirt

b3l7
la ceinture

b0075
les bottes

5l1pp3r5
les pantoufles

5n34k3r5
les baskets

54nd4l5
les sandales

5h035
les chaussures

rubb3r b0075
les bottes de caoutchouc

br13f5
les sous-vêtements

br4
le soutien-gorge

und3r5h1r7
le maillot de corps

b0dy

le body

p4n75

le pantalon

j34n5

le jean

5k1r7

la jupe

bl0u53

le chemisier

5h1r7

la chemise

pull0v3r

le pull

5w3473r

le sweat à capuche

bl4z3r

la veste

j4ck37

la veste

c047

le manteau

r41nc047

l'imperméable

c057um3

le costume

dr355

la robe

w3dd1n6 dr355

la robe de mariée

5u17

le costume

n16h760wn

la chemise de nuit

p4j4m45

le pyjama

54r1

le sari

h34d5c4rf

le foulard

7urb4n

le turban

burk4

la burqa

k4f74n

le caftan

4b4y4

l'abaya

5w1m5u17

le maillot de bain

7runk5

le maillot de bain

5h0r75

le short

7r4ck5u17

la tenue d'entraînement

4pr0n

le tablier

6l0v35

les gants

bu770n

le bouton

6l45535

les lunettes

br4c3l37

le bracelet

n3ckl4c3

le collier

r1n6

la bague

34rr1n6

la boucle d'oreille

c4p

le bonnet

c047 h4n63r

le cintre

h47

le chapeau

713

la cravate

z1p

la fermeture éclair

h3lm37

le casque

br4c35

les bretelles

5ch00l un1f0rm

l'uniforme scolaire

un1f0rm

l'uniforme

b1b

le bavoir

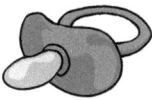

dummy

la sucette

d14p3r

la lange

0ff1c3

le bureau

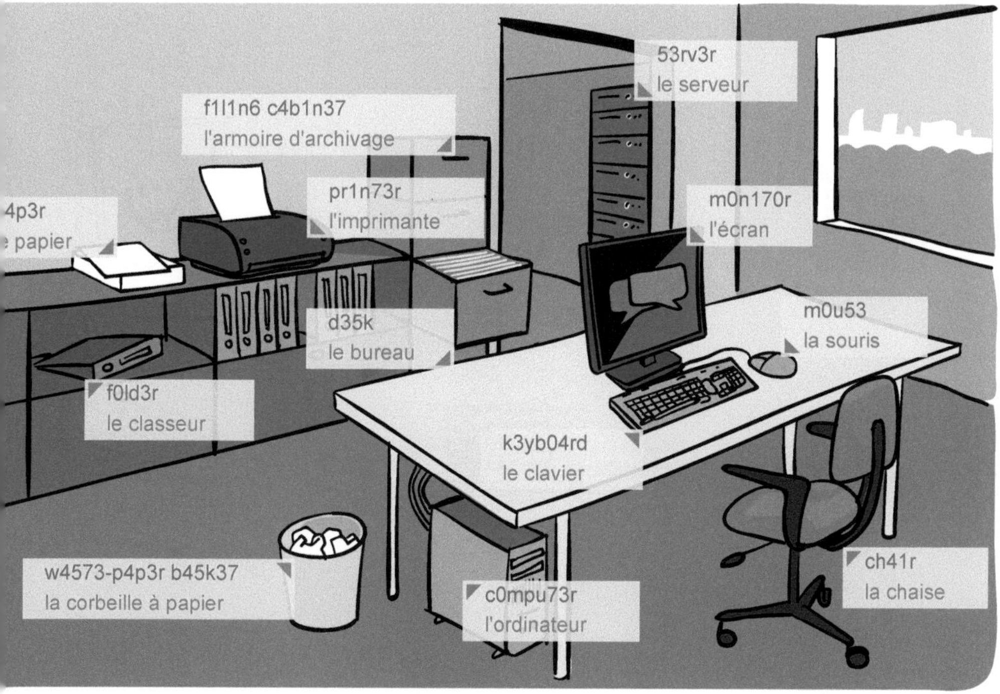

53rv3r
le serveur

f1l1n6 c4b1n37
l'armoire d'archivage

pr1n73r
l'imprimante

m0n170r
l'écran

4p3r
e papier

d35k
le bureau

m0u53
la souris

f0ld3r
le classeur

k3yb04rd
le clavier

w4573-p4p3r b45k37
la corbeille à papier

c0mpu73r
l'ordinateur

ch41r
la chaise

cOff33 mu6

la tasse de café

c4lcul470r

la calculatrice

1n73rn37

l'internet

l4p70p

l'ordinateur portable

l3773r

la lettre

m355463

le message

c3ll ph0n3

le portable

n37w0rk

le réseau

ph070c0p13r

la photocopieuse

50f7w4r3

le logiciel

73l3ph0n3

le téléphone

plu6 50ck37

la prise

f4x m4ch1n3

le fax

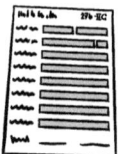

f0rm

le formulaire

d0cum3n7

le document

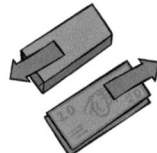

buy

acheter

p4y

payer

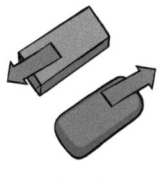

7r4d3

faire du commerce

m0n3y

la monnaie

d0ll4r

le dollar

3ur0

l'euro

y3n

le yen

r0ubl3

le rouble

5w155 fr4nc

le franc suisse

r3nm1nb1 yu4n

le renminbi yuan

rup33

la roupie

c45h p01n7

le distributeur automatique

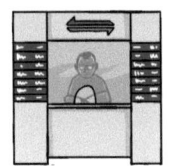

curr3ncy 3xch4n63 0ff1c3

le bureau de change

60ld

l'or

51lv3r

l'argent

01l

le pétrole

3n3r6y

l'énergie

pr1c3

le prix

c0n7r4c7

le contrat

74x

la taxe

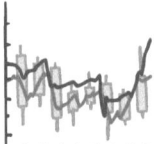

570ck

l'action

w0rk

travailler

3mpl0y33

l'employé

3mpl0y3r

l'employeur

f4c70ry

l'usine

5h0p

le magasin

0ccup4710n5

les professions

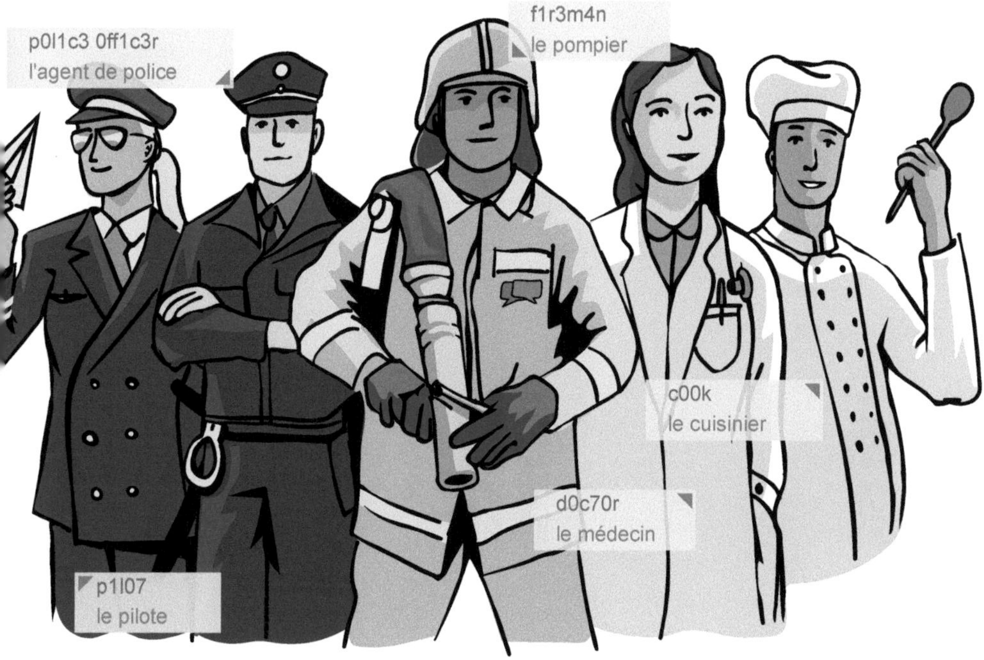

f1r3m4n
le pompier
p0l1c3 0ff1c3r
l'agent de police
c00k
le cuisinier
d0c70r
le médecin
p1l07
le pilote

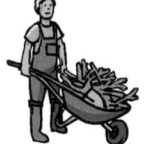

64rd3n3r
le jardinier

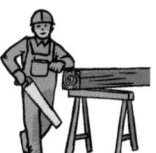

c4rp3n73r
le menuisier

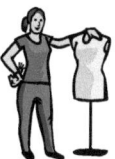

534m57r355
la couturière

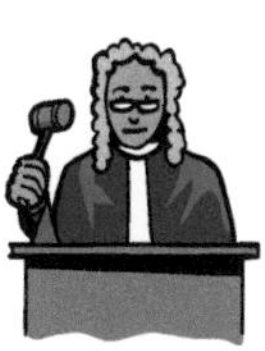

jud63
le juge

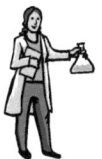

ch3m157
le chimiste

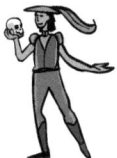

4c70r
l'acteur

bu5 dr1v3r

le conducteur de bus

74x1 dr1v3r

le chauffeur de taxi

f15h3rm4n

le pêcheur

cl34n1n6 l4dy

la femme de ménage

r00f3r

le couvreur

w4173r

le serveur

hun73r

le chasseur

p41n73r

le peintre

b4k3r

le boulanger

3l3c7r1c14n

l'électricien

bu1ld3r

l'ouvrier

3n61n33r

l'ingénieur

bu7ch3r

le boucher

plumb3r

le plombier

p057m4n

le facteur

50ld13r

le soldat

4rch173c7

l'architecte

c45h13r

le caissier

fl0r157

le fleuriste

h41rdr3553r

le coiffeur

c0nduc70r

le contrôleur

m3ch4n1c

le mécanicien

c4p741n

le capitaine

d3n7157

le dentiste

5c13n7157

le scientifique

r4bb1

le rabbin

1m4m

l'imam

m0nk

le moine

p4570r

le prêtre

700l5
les outils

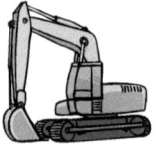

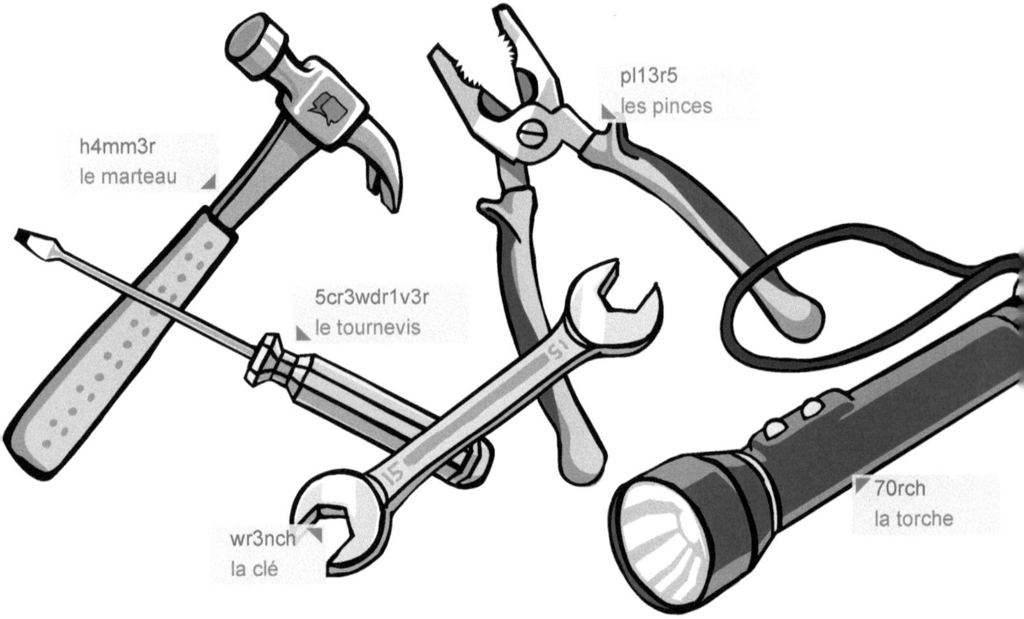
h4mm3r
le marteau
pl13r5
les pinces
5cr3wdr1v3r
le tournevis
wr3nch
la clé
70rch
la torche

3xc4v470r
....
la pelleteuse

700lb0x
....
la boîte à outils

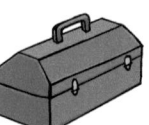

l4dd3r
....
l'échelle

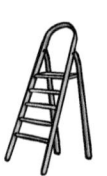

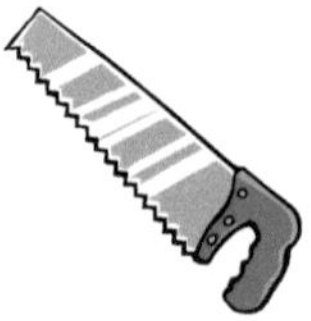

54w
....
la scie

n41l5
....
les clous

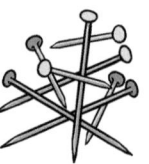

dr1ll
....
la perceuse

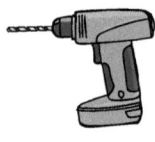

r3p41r

réparer

5h0v3l

la pelle

d4mn!

Mince !

du57p4n

la pelle

p41n7 c4n

le pot de peinture

5cr3w5

les vis

mu51c4l 1n57rum3n75

les instruments de musique

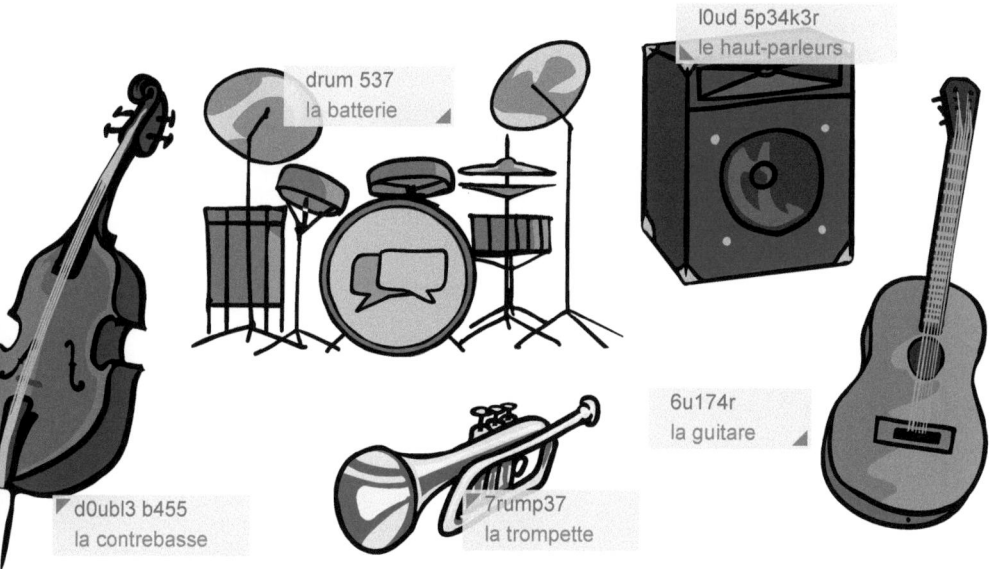

drum 537
la batterie

l0ud 5p34k3r
le haut-parleurs

6u174r
la guitare

d0ubl3 b455
la contrebasse

7rump37
la trompette

p14n0

le piano

v10l1n

le violon

b455

la basse

71mp4n1

les timbales

drum5

le tambour

k3yb04rd

le piano électrique

54x0ph0n3

le saxophone

flu73

la flûte

m1cr0ph0n3

le microphone

z00

le zoo

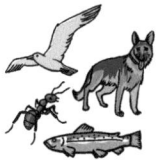

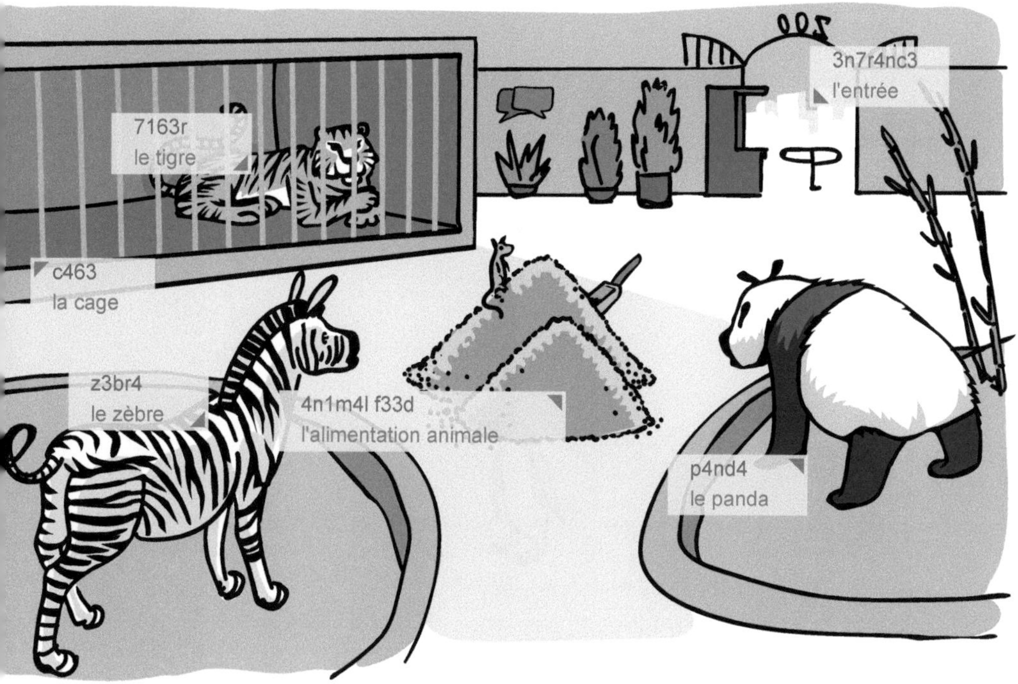

3n7r4nc3
l'entrée
7163r
le tigre
c463
la cage
z3br4
le zèbre
4n1m4l f33d
l'alimentation animale
p4nd4
le panda

4n1m4l5
les animaux

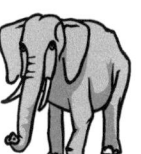

3l3ph4n7
l'éléphant

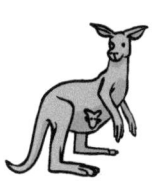

k4n64r00
le kangourou

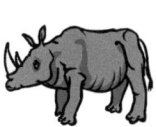

rh1n0
le rhinocéros

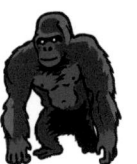

60r1ll4
le gorille

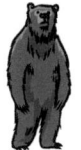

b34r
l'ours

c4m3l

le chameau

057r1ch

l'autruche

l10n

le lion

m0nk3y

le singe

fl4m1n60

le flamand rose

p4rr07

le perroquet

p0l4r b34r

l'ours polaire

p3n6u1n

le pingouin

5h4rk

le requin

p34c0ck

le paon

5n4k3

le serpent

cr0c0d1l3

le crocodile

z00k33p3r

le gardien de zoo

534l

le phoque

j46u4r

le jaguar

pOny

le poney

l3Op4rd

le léopard

h1ppO

l'hippopotame

61r4ff3

la girafe

346l3

l'aigle

bO4r

le sanglier

f15h

le poisson

7ur7l3

la tortue

w4lru5

le morse

fOx

le renard

64z3ll3

la gazelle

5p0r75

les sports

4m3r1c4n f007b4ll
l'american Football

cycl1n6
le cyclisme

73nn15
le tennis

b45k37b4ll
le basket-ball

5w1mm1n6
la natation

b0x1n6
la boxe

1c3 h0ck3y
le hockey sur glace

50cc3r
le football

b4dm1n70n
le badminton

47hl371c5
l'athlétisme

h4ndb4ll
le handball

5k11n6
le ski

p0l0
le polo

l4u6h
rire

jump
sauter

hu6
embrasser

w4lk
marcher

51n6
chanter

dr34m
rêver

pr4y
prier

k155
faire la bise

wr173	dr4w	5h0w
écrire	dessiner	montrer

pu5h	61v3	74k3
pousser	donner	prendre

h4v3

avoir

d0

faire

b3

être

574nd

être debout

run

courir

pull

trier

7hr0w

jeter

f4ll

tomber

l13

être couché

w417

attendre

c4rry

porter

517

être assis

637 dr3553d

s'habiller

5l33p

dormir

w4k3 up

se réveiller

l00k 47

regarder

cry

pleurer

57r0k3

caresser

c0mb

peigner

74lk

parler

und3r574nd

comprendre

45k

demander

l1573n

écouter

dr1nk

boire

347

manger

71dy up

ranger

l0v3

aimer

c00k

cuire

dr1v3

conduire

fly

voler

5411

faire de la voile

c4lcul473

calculer

r34d

lire

l34rn

apprendre

w0rk

travailler

m4rry

se marier

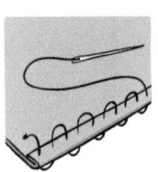

53w

coudre

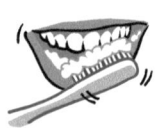

bru5h 7337h

brosser les dents

k1ll

tuer

5m0k3

fumer

53nd

envoyer

f4m1ly
la famille

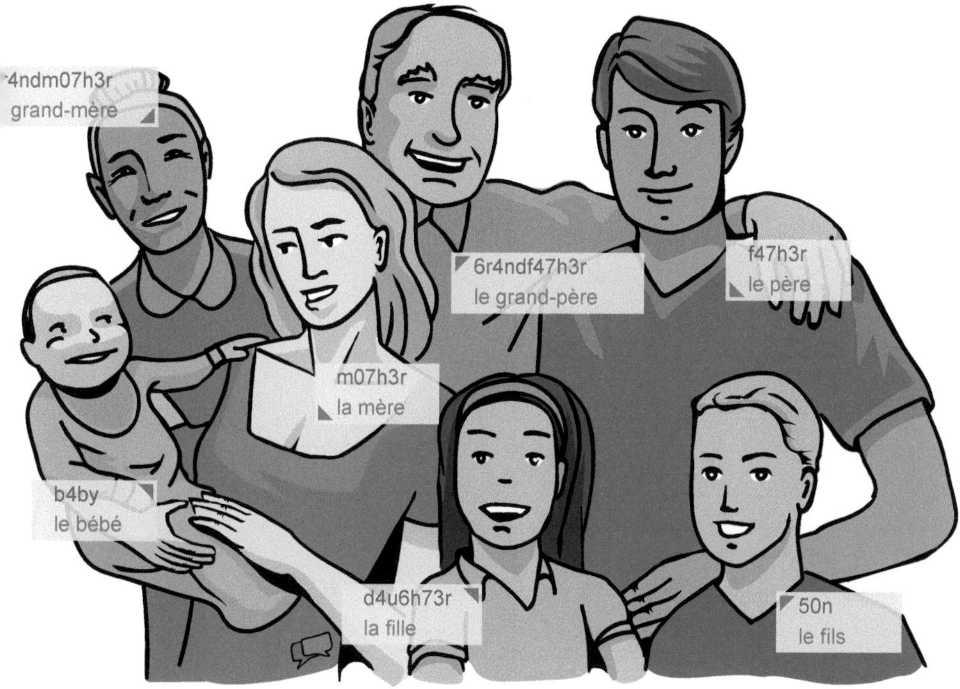
4ndm07h3r
grand-mère
6r4ndf47h3r
le grand-père
f47h3r
le père
m07h3r
la mère
b4by
le bébé
d4u6h73r
la fille
50n
le fils

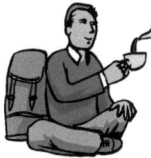

6u357

l'hôte

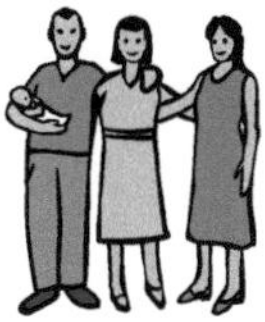

4un7

la tante

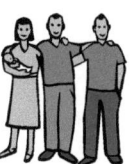

uncl3

l'oncle

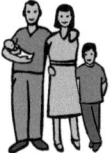

br07h3r

le frère

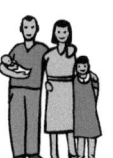

51573r

la sœur

b0dy

le corps

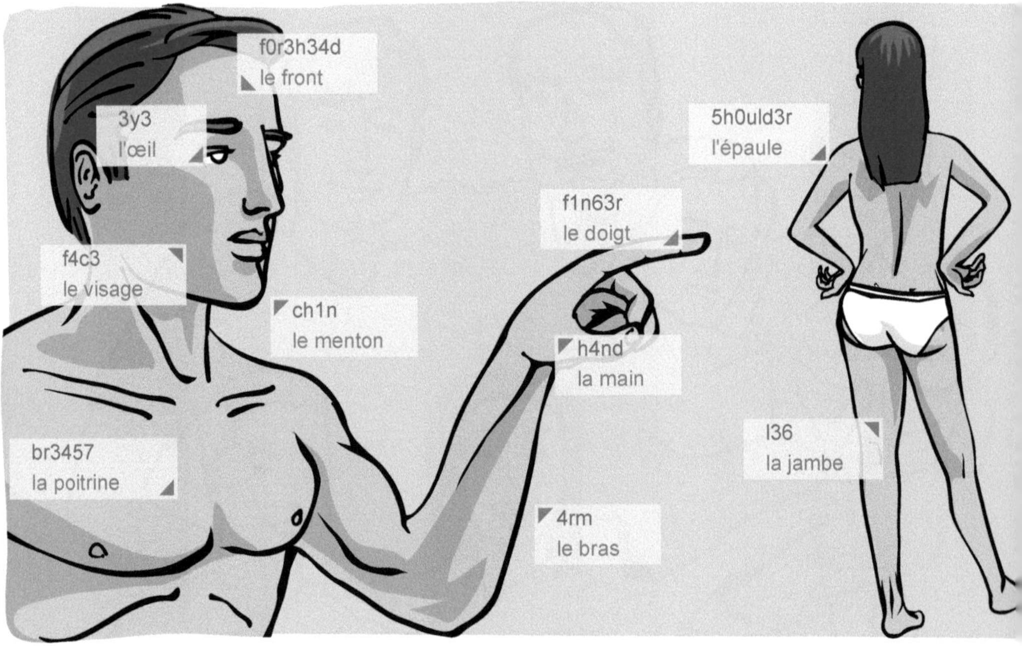

f0r3h34d
le front

3y3
l'œil

5h0uld3r
l'épaule

f1n63r
le doigt

f4c3
le visage

ch1n
le menton

h4nd
la main

br3457
la poitrine

l36
la jambe

4rm
le bras

b4by
le bébé

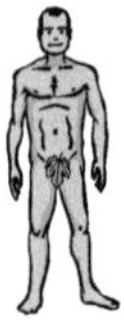

m4n
l'homme

w0m4n
la femme

61rl
la fille

b0y
le garçon

h34d
la tête

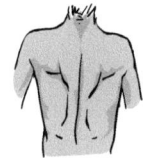

b4ck

le dos

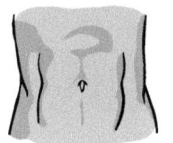

b3lly

le ventre

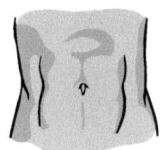

n4v3l

le nombril

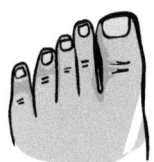

703

l'orteil

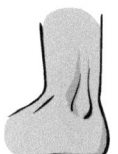

h33l

le talon

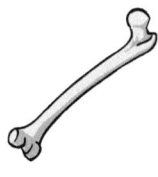

b0n3

l'os

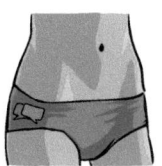

h1p

la hanche

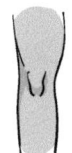

kn33

le genou

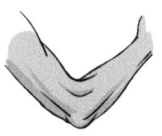

3lb0w

le coude

n053

le nez

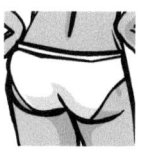

bu770ck5

les fesses

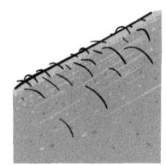

5k1n

la peau

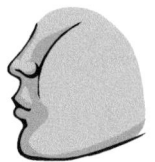

ch33k

la joue

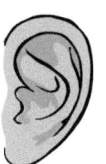

34r

l'oreille

l1p

la lèvre

m0u7h

la bouche

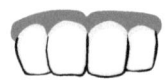

7007h

la dent

70n6u3

la langue

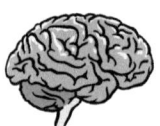

br41n

le cerveau

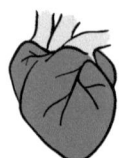

h34r7

le cœur

mu5cl3

le muscle

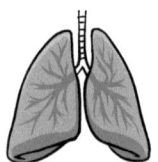

lun6

les poumons

l1v3r

le foie

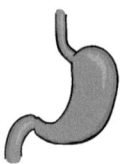

570m4ch

l'estomac

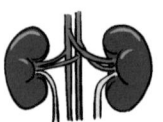

k1dn3y5

les reins

53x

le rapport sexuel

c0nd0m

le préservatif

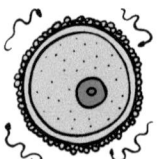

0vum

l'ovule

53m3n

le sperme

pr36n4ncy

la grossesse

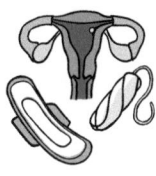

m3n57ru4710n

la menstruation

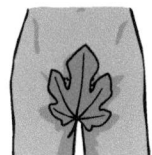

v461n4

le vagin

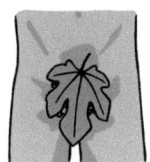

p3n15

le pénis

3y3br0w

le sourcil

h41r

les cheveux

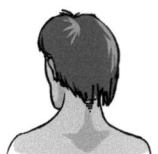

n3ck

le cou

h05p174l
l'hôpital

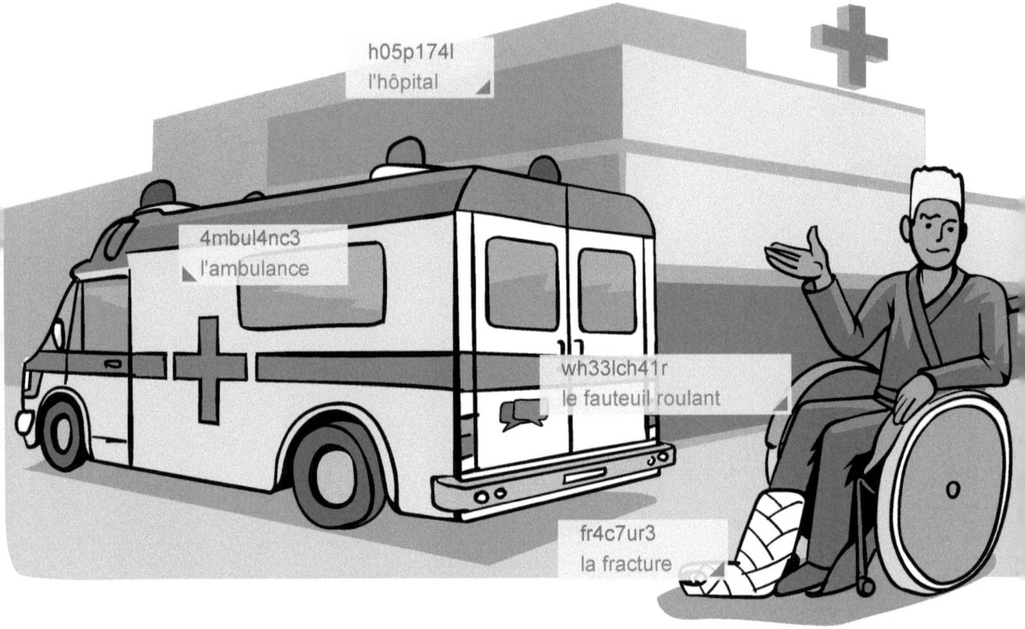

h05p174l
l'hôpital
4mbul4nc3
l'ambulance
wh33lch41r
le fauteuil roulant
fr4c7ur3
la fracture

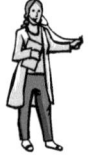

d0c70r

le médecin

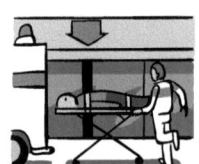

3m3r63ncy r00m

le service des urgences

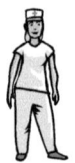

nur53

l'infirmière

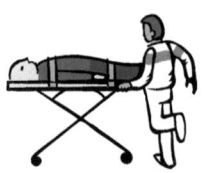

3m3r63ncy

l'urgence

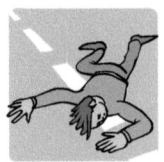

unc0n5c10u5

inconscient

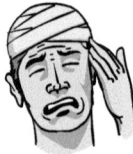

p41n

la douleur

1njury

la blessure

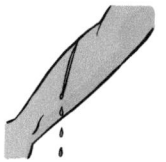

bl33d1n6

l'hémorragie

h34r7 4774ck

la crise cardiaque

57r0k3

l'attaque cérébrale

4ll3r6y

l'allergie

c0u6h

la toux

f3v3r

la fièvre

flu

la grippe

d14rrh34

la diarrhée

h34d4ch3

le mal de tête

c4nc3r

le cancer

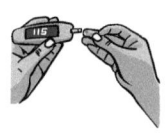

d14b3735

le diabète

5ur630n

le chirurgien

5c4lp3l

le scalpel

0p3r4710n

l'opération

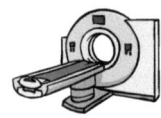

c7

le CT

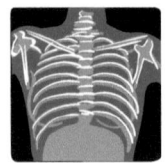

x-r4y

la radiographie

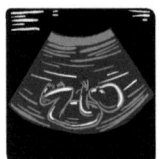

ul7r450und

l'échographie

f4c3 m45k

le masque

d153453

la maladie

w4171n6 r00m

la salle d'attente

cru7ch

la béquille

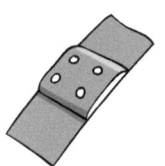

pl4573r

le pansement

b4nd463

le pansement

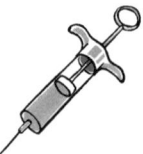

1nj3c710n

l'injection

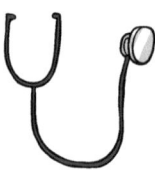

5737h05c0p3

le stéthoscope

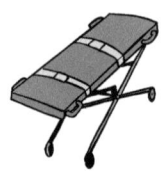

57r37ch3r

le brancard

cl1n1c4l 7h3rm0m373r

le thermomètre

b1r7h

l'accouchement

0v3rw316h7

la surcharge pondérale

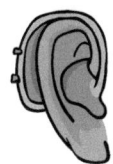

h34r1n6 41d

l'appareil auditif

d151nf3c74n7

le désinfectant

1nf3c710n

l'infection

v1ru5

le virus

h1v / 41d5

le VIH / le sida

m3d1c1n3

le médicament

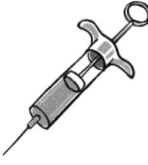

v4cc1n4710n

la vaccination

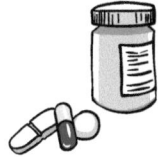

74bl375

les comprimés

p1ll

la pilule

3m3r63ncy c4ll

l'appel d'urgence

bl00d pr355ur3 m0n170r

le tensiomètre

1ll / h34l7hy

malade / sain

h3lp!

Au secours !

4l4rm

l'alarme

4554ul7

l'assaut

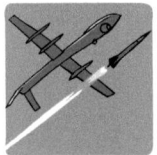

4774ck

l'attaque

d4n63r

le danger

3m3r63ncy 3x17

la sortie de secours

f1r3!

Au feu!

f1r3 3x71n6u15h3r

l'extincteur

4cc1d3n7

l'accident

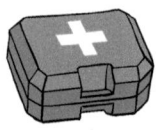

f1r57-41d k17

la trousse de premier
secours

505

SOS

p0l1c3

la police

3ur0p3

l'Europe

n0r7h 4m3r1c4

l'Amérique du Nord

50u7h 4m3r1c4

l'Amérique du Sud

4fr1c4

l'Afrique

4514

l'Asie

4u57r4l14

l'Australie

47l4n71c

l'Océan atlantique

p4c1f1c

l'Océan pacifique

1nd14n 0c34n

l'Océan indien

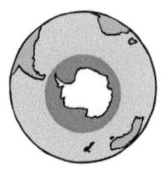

4n74rc71c 0c34n

l'Océan antarctique

4rc71c 0c34n

l'Océan arctique

n0r7h p0l3

le Pôle nord

50u7h p0l3

le Pôle sud

4n74rc71c4

l'Antarctique

34r7h

la terre

l4nd

le pays

534

la mer

15l4nd

l'île

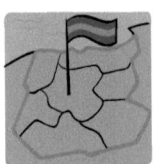

n4710n

la nation

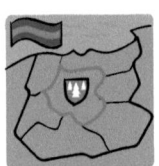

57473

l'état

cl0ck f4c3

le cadran

h0ur h4nd

l'aiguille des heures

m1nu73 h4nd

l'aiguille des minutes

53c0nd h4nd

l'aiguille des secondes

wh47 71m3 15 17?

Quelle heure est-il ?

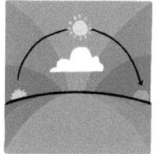

d4y

le jour

71m3

le temps

n0w

maintenant

d16174l w47ch

la montre digitale

m1nu73

la minute

h0ur

l'heure

la semaine

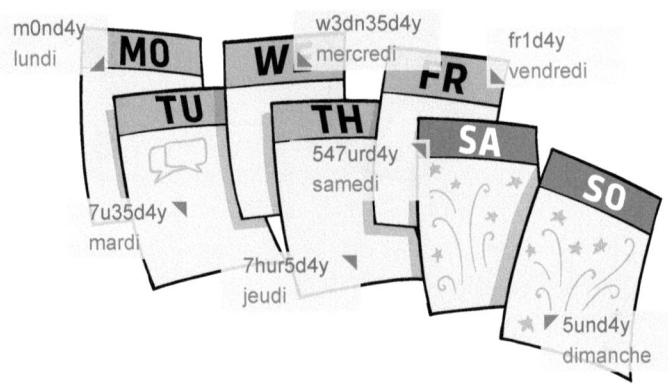

m0nd4y
lundi

w3dn35d4y
mercredi

fr1d4y
vendredi

7u35d4y
mardi

547urd4y
samedi

7hur5d4y
jeudi

5und4y
dimanche

y3573rd4y
hier

70d4y
aujourd'hui

70m0rr0w
demain

m0rn1n6
le matin

n00n
le midi

3v3n1n6
le soir

MO	TU	WE	TH	FR	SA	SU
1	2	3	4	5	6	7
8	9	10	11	12	13	14
15	16	17	18	19	20	21
22	23	24	25	26	27	28
29	30	31	1	2	3	4

w0rkd4y5
les jours ouvrables

MO	TU	WE	TH	FR	SA	SU
1	2	3	4	5	6	7
8	9	10	11	12	13	14
15	16	17	18	19	20	21
22	23	24	25	26	27	28
29	30	31	1	2	3	4

w33k3nd
le week-end

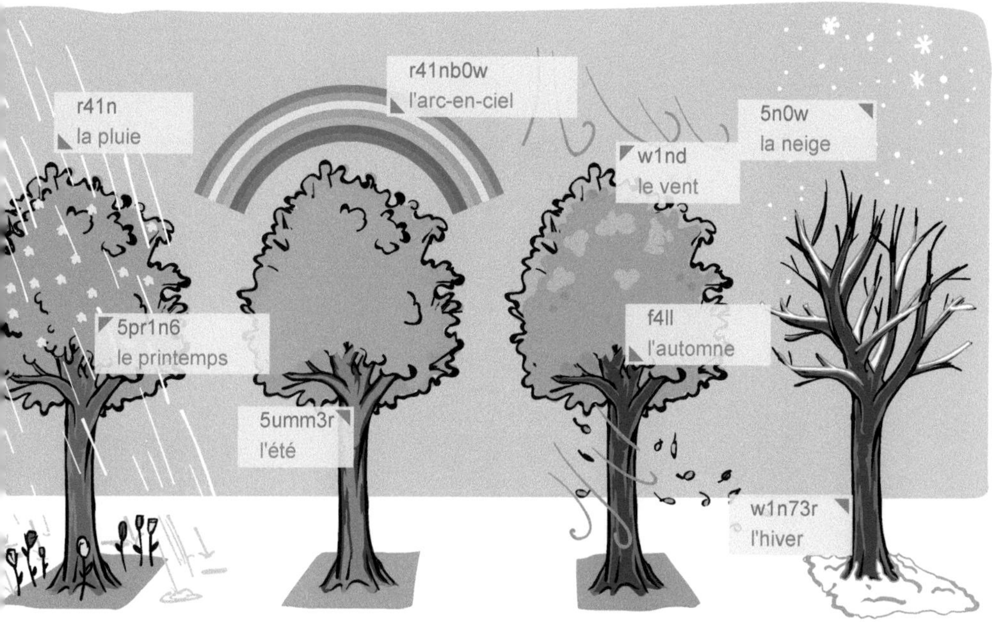

r41n
la pluie
r41nb0w
l'arc-en-ciel
5n0w
la neige
w1nd
le vent
5pr1n6
le printemps
f4ll
l'automne
5umm3r
l'été
w1n73r
l'hiver

4.APRIL 11°
5.APRIL 4°
6.APRIL 13°
7.APRIL 8°
8.APRIL 10°

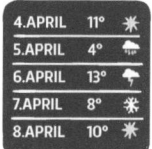

w347h3r f0r3c457

la météo

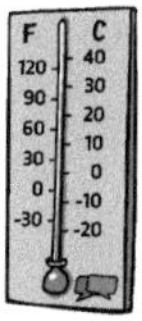

F C
120 40
90 30
60 20
30 10
0 0
-30 -10
-20

7h3rm0m373r

le thermomètre

5un5h1n3

la lumière du soleil

cl0ud

le nuage

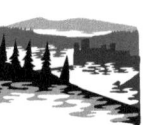

f06

le brouillard

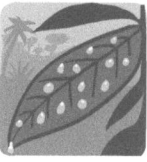

hum1d17y

l'humidité

l16h7n1n6

la foudre

7hund3r

la tonnerre

570rm

la tempête

h41l

la grêle

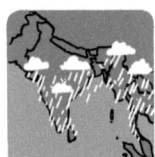

m0n500n

la mousson

fl00d

l'inondation

1c3

la glace

j4nu4ry

janvier

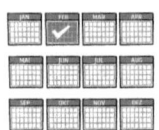

f3bru4ry

février

m4rch

mars

4pr1l

avril

m4y

mai

jun3

juin

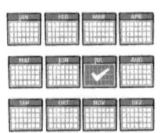

july

juillet

4u6u57

août

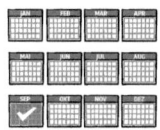

53p73mb3r

septembre

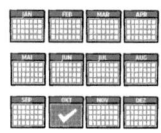

0c70b3r

octobre

n0v3mb3r

novembre

d3c3mb3r

décembre

5h4p35
les formes

c1rcl3

le cercle

5qu4r3

le carré

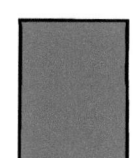

r3c74n6l3

le rectangle

7r14n6l3

le triangle

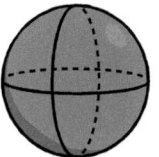

5ph3r3

la sphère

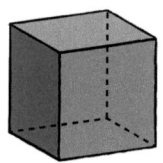

cub3

le cube

c0l0r5

les couleurs

wh173

blanc

y3ll0w

jaune

0r4n63

orange

p1nk

rose

r3d

rouge

purpl3

violet

blu3

bleu

6r33n

vert

br0wn

marron

6r4y

gris

bl4ck

noir

les oppositions

4 l07 / 4 l177l3

beaucoup / peu

4n6ry / c4lm

fâché / calme

b34u71ful / u6ly

joli / laid

b361nn1n6 / 3nd

le début / la fin

b16 / 5m4ll

grand / petit

br16h7 / d4rk

clair / obscure

br07h3r / 51573r

frère / soeur

cl34n / d1r7y

propre / sale

c0mpl373 / 1nc0mpl373

complet / incomplet

d4y / n16h7

le jour / la nuit

d34d / 4l1v3

mort / vivant

w1d3 / n4rr0w

large / étroit

3d1bl3 / 1n3d1bl3

comestible / incomestible

3v1l / k1nd

méchant / gentil

3xc173d / b0r3d

excité / ennuyé

f47 / 7h1n

gros / mince

f1r57 / l457

le premier / le dernier

fr13nd / 3n3my

l'ami / l'ennemi

full / 3mp7y

plein / vide

h4rd / 50f7

dur / souple

h34vy / l16h7

lourd / léger

hun63r / 7h1r57

faim / soif

1ll / h34l7hy

malade / sain

1ll364l / l364l

illégal / légal

1n73ll163n7 / 57up1d

intelligent / stupide

l3f7 / r16h7

gauche / droite

n34r / f4r

proche / loin

n3w / u53d

nouveau / usé

n07h1n6 / 50m37h1n6

rien / quelque chose

0ld / y0un6

vieux / jeune

0n / 0ff

marche / arrêt

0p3n / cl053d

ouvert / fermé

qu137 / l0ud

faible / fort

r1ch / p00r

riche / pauvre

r16h7 / wr0n6

correct / incorrect

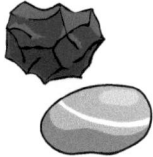

r0u6h / 5m007h

rugueux / lisse

54d / h4ppy

triste / heureux

5h0r7 / l0n6

court / long

5l0w / f457

lent / rapide

w37 / dry

mouillé / sec

w4rm / c00l

chaud / froid

w4r / p34c3

la guerre / la paix

0

z3r0

zéro

1

0n3

un / une

2

7w0

deux

3

7hr33

trois

4

f0ur

quatre

5

f1v3

cinq

6

51x

six

7

53v3n

sept

8

316h7

huit

9

n1n3

neuf

10

73n

dix

11

3l3v3n

onze

12

7w3lv3

douze

13

7h1r733n

treize

14

f0ur733n

quatorze

15

f1f733n

quinze

16

51x733n

seize

17

53v3n733n

dix-sept

18

316h733n

dix-huit

19

n1n3733n

dix-neuf

20

7w3n7y

vingt

100

hundr3d

cent

1.000

7h0u54nd

mille

1.000.000

m1ll10n

le million

l4n6u4635

les langues

3n6l15h

l'anglais

4m3r1c4n 3n6l15h

l'anglais américain

ch1n353 m4nd4r1n

le chinois mandarin

h1nd1

le hindi

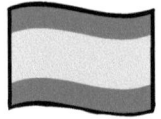

5p4n15h

l'espagnol

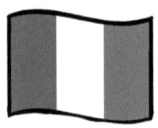

fr3nch

le français

4r4b1c

l'arabe

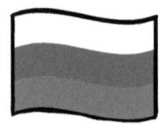

ru5514n

le russe

p0r7u6u353

le portugais

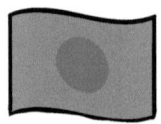

b3n64l1

le bengali

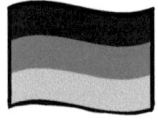

63rm4n

l'allemand

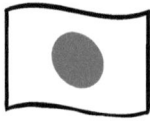

j4p4n353

le japonais

1

je

y0u

tu

h3 / 5h3 / 17

il / elle / ce, c', cela

w3

nous

y0u

vous

7h3y

ils / elles

wh0?

Qui ?

wh47?

Quoi ?

h0w?

Comment ?

wh3r3?

Où ?

wh3n?

Quand ?

n4m3

le nom

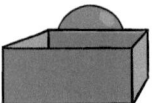

b3h1nd

derrière

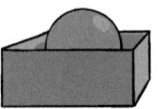

1n

dans

1n fr0n7 0f

devant

0v3r

au-dessus

0n

sur

und3r

en-dessous

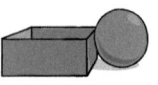

b351d3

à côté de

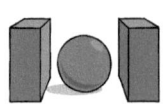

b37w33n

entre

pl4c3

le lieu